I0821971

Mi vaca
Candice
Letkeman
EYEDISCOVER

Ve a **www.eyediscover.com** e ingresa el código único de este libro.

CÓDIGO DEL LIBRO

AVN62842

EYEDISCOVER te trae libros mejorados por multimedia que apoyan el aprendizaje activo.

Published by AV2
276 5th Avenue, Suite 704 #917
New York, NY 10001
Website: www.eyediscover.com

Library of Congress Control Number: 2020951917

ISBN 978-1-7911-3533-1 (hardcover)

Printed in Guangzhou, China
1 2 3 4 5 6 7 8 9 0 25 24 23 22 21

012021
102520

English Editor: Katie Gillespie
Spanish Editor: Ana María Vidal
Designer: Mandy Christiansen
Spanish/English Translator: Translation Services USA

The publisher acknowledges Getty Images, Alamy, iStock, and Shutterstock as the primary image suppliers for this title.

EYEDISCOVER proporciona contenido enriquecido, optimizado para el uso en tabletas, que complementa este libro. Los libros de EYEDISCOVER se esfuerzan por crear un aprendizaje inspirado e involucrar a las mentes jóvenes en una experiencia de aprendizaje total.

Mira
El contenido de video da vida a cada página.

Navega
Las miniaturas simplifican la navegación.

Lee
Sigue el texto en la pantalla.

Escucha
Escucha cada página leída en voz alta.

Tu EYEDISCOVER con Seguimiento de Lectura Óptico cobra vida con...

Audio
Escucha todo el libro leído en voz alta.

Video
Los videos de alta resolución convierten cada hoja en un seguimiento de lectura óptico.

OPTIMIZADO PARA

- TABLETAS
- PIZARRAS ELECTRÓNICAS
- COMPUTADORES
- ¡Y MUCHO MÁS!

Mi vaca

En este libro aprenderás

- cómo son
- qué hacen
- qué comen

¡y mucho más!

Las vacas ayudan a alimentar al mundo. La leche viene de las vacas. El helado, el queso y el yogur se hacen con leche.

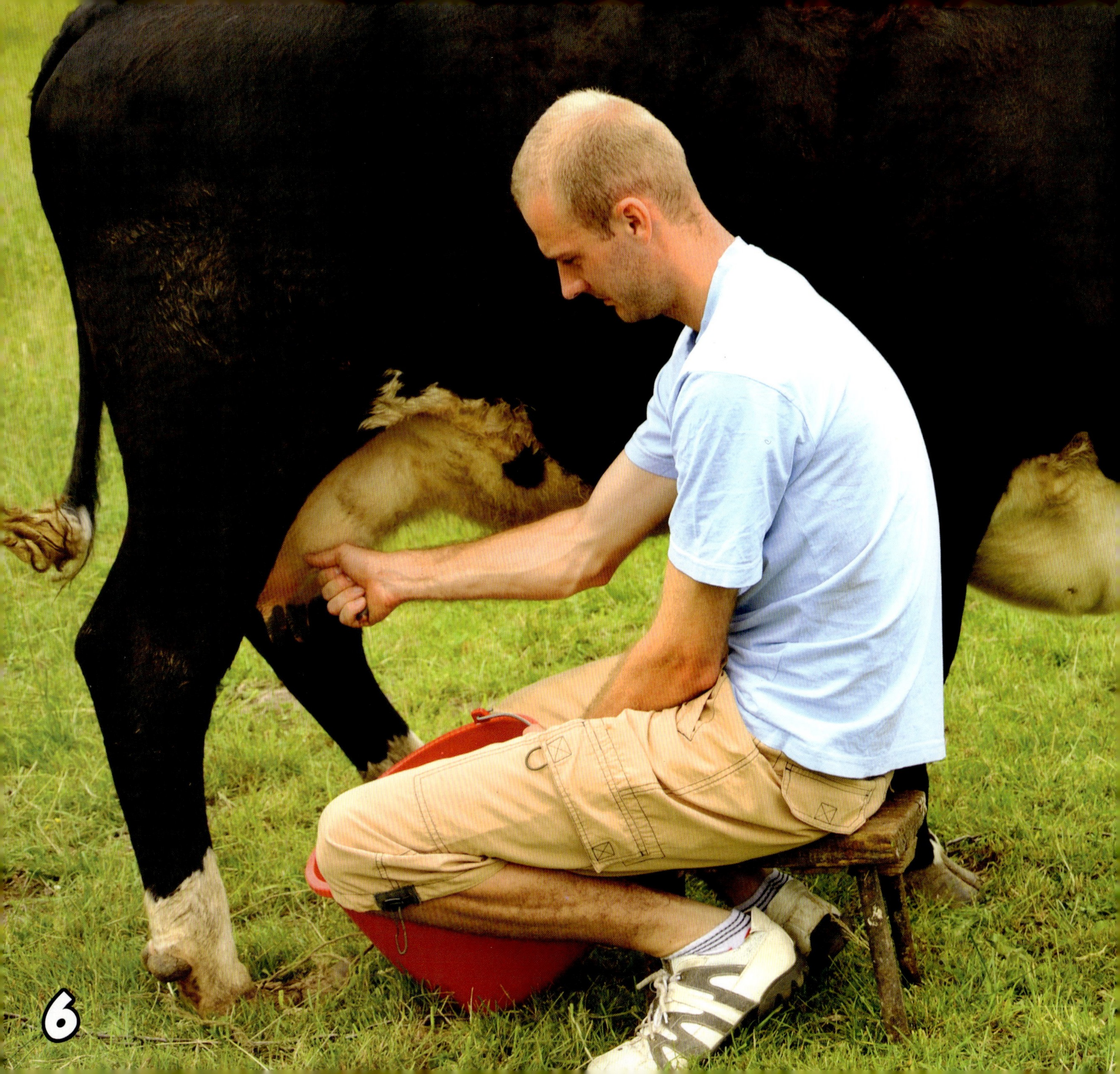

Las vacas se deben ordeñar dos veces al día. Para obtener 1 galón de leche, se deben extraer 350 chorritos de leche de su ubre.

Las vacas comen pasto todo el día. El estómago de la vaca tiene cuatro compartimientos.

Las vacas son animales muy sociales. Se mugen entre sí. Las vacas forman vínculos muy estrechos con unos pocos miembros del ganado.

Las vacas generan la suficiente cantidad de saliva como para llenar un balde grande por día. Las vacas lamen a sus terneros incluso cuando ya son grandes.

La vaca puede correr más rápido en el barro que un caballo.

Algunas vacas tienen cuernos cortos. Otras, tienen cuernos largos. Los cuernos de la vaca pueden ser más largos que una cama.

Las vacas no tienen dientes frontales superiores. Como no pueden morder, enrollan el pasto en su lengua y lo arrancan.

Las vacas son de la misma familia que los bisontes, los antílopes, las ovejas y las cabras.

La vaca **se sienta** y **se para 14 veces al día**.

Actualmente, hay **más de 1.000 millones de vacas** en el mundo.

No hay dos vacas que tengan exactamente las **mismas manchas.**

Una **vaca** toma **50 galones** (189 litros) de agua por día. Eso es casi lo mismo que una **bañera** llena.

Las **vacas** pueden **oler** cosas a hasta **5 millas** (8 kilómetros) **de distancia**.

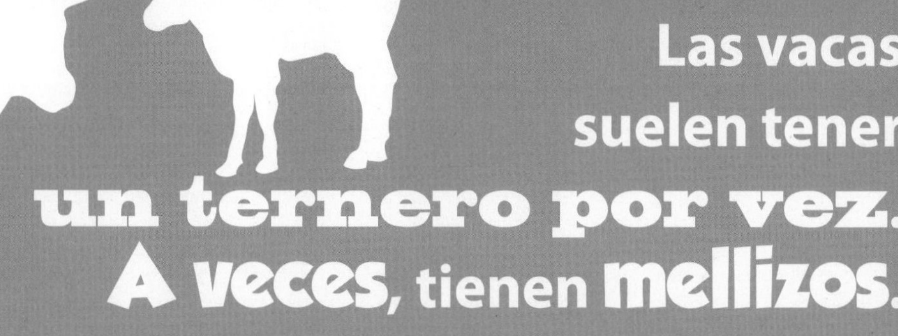

Las vacas suelen tener **un ternero por vez.** **A veces**, tienen **mellizos.**

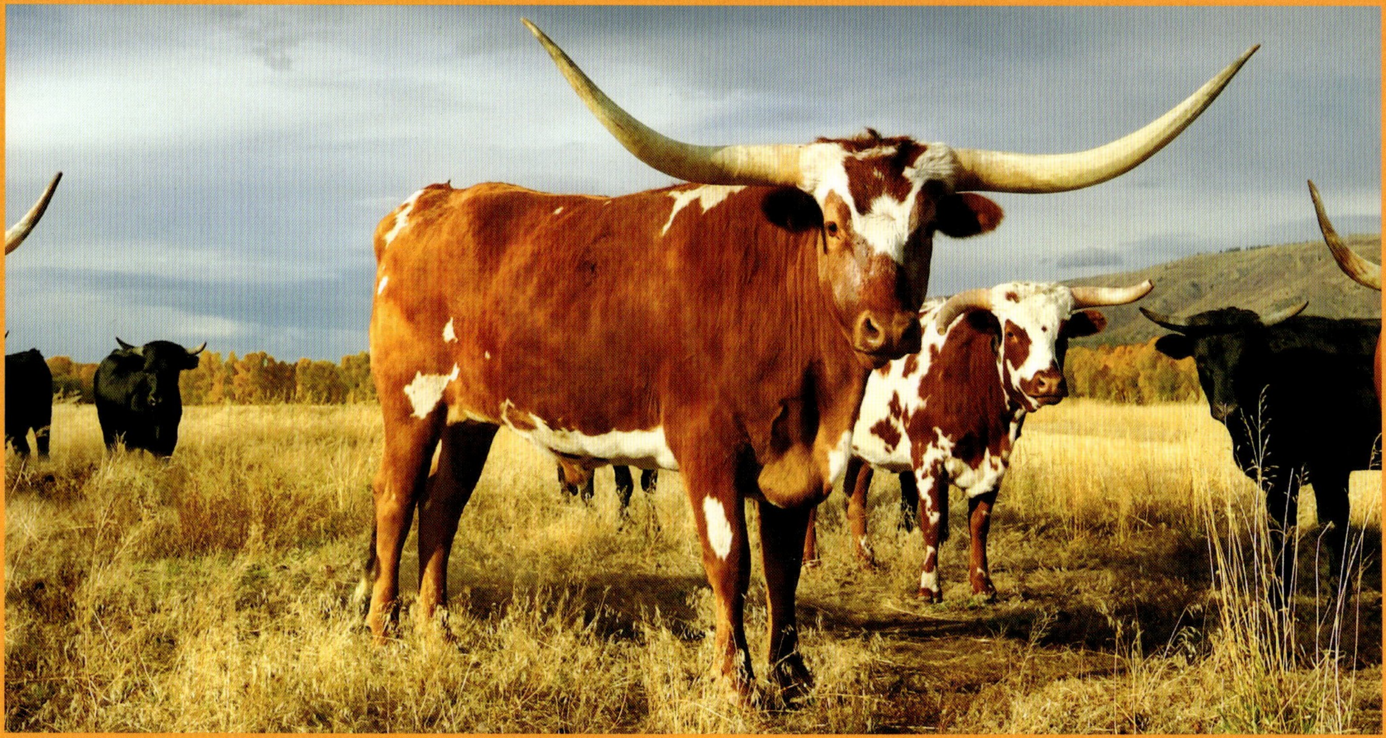

Mira
El contenido de video da vida a cada página.

Navega
Las miniaturas simplifican la navegación.

Lee
Sigue el texto en la pantalla.

Escucha
Escucha cada página leída en voz alta.

Ve a www.eyediscover.com e ingresa el código único de este libro.

CÓDIGO DEL LIBRO

AVN62842